Date   /   /

D1282629

Date   /   /

Date / /

Date   /   /

Date / /

Date / /

Date / /

Date /   /

Date / /

Date   /   /

Date   /   /

Date / /

Date / /

Date   /   /

Date / /

Date / /

Date   /   /

Date / /

Date / /

Date   /   /

Date / /

Date   /   /

Date / /

Date / /

Date / /

Date / /

Date / /

Date / /

Date   /   /

Date / /

Date / /

Date / /

Date / /

Date / /

Date   /   /

Date   /   /

Date / /

Date / /

Date / /

Date / /

Date   /   /

Date   /   /

Date / /

Date / /

Date / / .

Date / /

Date / /

Date / /

Date / /

Date / /

Date / /

Date / /

Date   /   /

Date / /

Date   /   /

Date / /

Date / /

Date / /

Date   /   /

Date / /

Date / /

Date / /

Date / /

Date / /

Date / /

Date   /   /

Date / /

Date / /

Date / /

Date   /   /

Date / /

Date / /

Date / /

Date / /

Date / /

Date / /

Date / /

Date / /

Date / /

Date   /   /

Date / /

Date / /

Date   /   /

Date / /

Date /   /

Date / /

Date / /

Date / /

Date / /

Date / /

Date   /   /

Date / /

Date / /

Date / /

Date / /

Date / /

Date / /

Date   /   /

Date / /

Date / /

Date / /

Date / /

Date   /   /

Date / /

Date / /

Date   /   /

Date   /   /

Date / /

Date / /

Date / /

Date / /

Date / /

Date / /

Date / /

Date / /

Date   /   /

Date   /   /

Date   /   /

Date / /

Date / /

Date / /

Date / /

Date   /   /

Date / /

Date   /   /

Date / /

Date / /

Date   /   /

Date / /

Date / /

Date / /

Date / /

Date   /   /

Date / /

Date / /

Date / /

Date / /

Date / /

Date   /   /

Date   /   /

Date / /

Date   /   /

Date / /

Date / /

Date / /

Date / /

Date / /

Date / /

Date / /

Date ___ / ___ / ___

Date / /

Date   /   /

Date / /

Date / /

Date   /   /

Date / /

Date / /

Date / /

Date / /

Date / /

Date   /   /

Date / /

Date / /

Date / /

Date   /   /

Date / /

Date / /

Date / /

Date / /

Date / /

Date / /

Date / /

Date / /

Date / /

Date ___ / ___ / ___

Date / /

Date   /   /

Date / /

Date / /

Date   /   /

Date / /

Date / /

Date / /

Date   /   /

Date / /

Date   /   /

Date / /

Date   /   /

Date / /

Date ___ / ___ / ___

Date   /   /

Date / /

Date / /

Date   /   /

Date / /

Date   /   /

Date / /

Date / /

Date / /

Date   /   /

Made in the USA
Middletown, DE
22 September 2022